Lernen ist wie rudern gegen den Strom. Hört man
damit auf, treibt man zurück.
(Laotse)

Gib deshalb Deinem Leben immer wieder neue
Töne...

Regina Lahner

Neue Meditationen
mit Klangschalen

leicht gemacht

Neue erprobte Textvorlagen
Sofort praktisch anwendbar
Für Einzel- und Gruppenarbeit

Umschlaggestaltung: Friedrich G. M. Roedig, Vallendar

Bildquellen: Eigene & stock.xchng® vi www.sxc.hu

Foto von Regina Lahner: Marisa Giannino, Foto Frenzel, Ulm

Lektorinnen: Gudula Müller, Senta Konopke, Birgit Kunde und Anna Lahner

Bibliografische Information der Deutschen Nationalbibliothek
Deutsche Erstausgabe

ISBN: 978-3-7357-5070-9
1. Auflage 2015   © 2015 Regina Lahner

Herstellung und Verlag: BoD - Books on Demand, Norderstedt

Über die Autorin: Regina Lahner wurde 1965 in Mönchengladbach geboren. Sie lebt seit ihrem zweiten Lebensjahr im Allgäu und beschäftigte sich schon sehr früh mit Naturheilkunde und gesundheitlichen Themen. Im Jahr 2000 absolvierte sie eine einjährige Ausbildung zur Bachblüten-Beraterin und arbeitete im Anschluss selbständig in den Bereichen Beratung, Ausbildung, Seminar- und Kursleitung. Seit 2005 bietet sie ein zehnmonatiges Fernstudium zum Bachblütenberater an. Im selben Jahr absolvierte sie ihre Ausbildung „Tibetische-Klangschalen-Massage" an der Sebastian-Kneipp-Schule in Bad Wörishofen. Als Referentin und Kursleiterin in den Bereichen Bachblüten (Vorträge, Workshops) und Klangschalen (Kurse, Workshops, Meditationen, kreatives Klangmalen) ist Frau Lahner bei zahlreichen südbayerischen Volkshochschulen tätig. 2012 erschien im selben Verlag ihr erstes Buch „Klangschalenmassage leicht gemacht" und 2013 „Meditationen mit Klangschalen leicht gemacht".
Seit mehreren Jahren bildet Frau Lahner außerdem interessierte Personen in Ihren Intensivseminaren zur Klangschalen-Massage aus.

Ausführliche Informationen dazu erhalten Sie im Internet auf den Seiten: www.bluetenberatung.de und www.tibetische-klangschalen-massage.de

Inhaltsverzeichnis

Vorwort

Nach meinem (zweiten) Buch „Meditationen mit Klangschalen leicht gemacht" erhielt ich viel Lob und es erreichten mich immer wieder Anfragen, ob es eine Fortsetzung gibt und wann wieder neue Textvorlagen erscheinen... Deshalb habe ich mich erneut an die Arbeit gemacht und dieses Buch für Sie geschrieben.

Da es sich nun um Band II handelt, werde ich hier nicht mehr ausführlich auf die Vorbereitung und Durchführung einer Klangmeditation eingehen, sondern mich nur noch auf die reinen Textvorlagen beschränken!

Ich wünsche Ihnen jetzt ganz viel Freude und Spaß beim praktischen ausprobieren, umsetzen, abwandeln und anwenden der Texte.

WICHTIG:
Sie dürfen im privaten Bereich wie bisher alle meine Texte natürlich uneingeschränkt anwenden. Gerne können Sie die Meditationen auch in Ihren Kursen und bei Events etc. verwenden.
Ich bitte Sie bei kommerzieller Nutzung aber immer um den nötigen Hinweis auf mich als rechtmäßige Autorin. Bei jeglicher Nutzung in einer gedruckten Form bitte ich Sie jedoch im Voraus um eine schriftliche Genehmigung. (Urheberrecht!)

Kurze, praktische Einführung:

Für eine geführte Meditation (mit Text) sollten Sie mindestens 3-5 Schalen besitzen. Alle Schalen müssen dabei unbedingt akustisch aufeinander abgestimmt sein! Zwei zusammen harmonierende dunkle Töne, die ähnlich eines langsamen Herzschlages durch die ganze Meditation „laufen", plus die Ergänzung mit einem oder mehrerer passender Töne sind hierbei sehr schön. Zum „Aufwecken" sollten Sie dann unbedingt auch noch eine kleine Schale oder eine Zimbel mit hellem Ton verwenden.

In den folgenden Texten habe ich immer Leerzeilen verwendet, die Sie beim Vorlesen visuell auf eine kurze Lesepause hinweisen sollen. Ein größerer Abstand bedeutet dementsprechend eine größere Pause!
Die Schalen können Sie natürlich in dieser Lesepause auch anschlagen. Lassen Sie sie lange klingen - aber warten Sie nicht, bis sie ganz ausgeklungen sind.

Zum Beenden der Meditation verwenden Sie dann die Schale mit dem hellsten Ton die Sie 3-mal kurz hintereinander, in ansteigender Intensität, mit einem kleinen Holzklöppel (vorsichtig!) anschlagen.

Viele praktische Anwendungsmöglichkeiten sowie die Grundlagen der Klangmassage finden Sie in meinem ersten Buch: „Klangschalenmassage leicht gemacht".

Ausführlichere Anwendungstipps und weitere Texte finden Sie in meinem Buch: „Meditationen mit Klangschalen leicht gemacht".

Tipp: *Ich verwende grundsätzlich KEINE Hintergrundmusik bei den einzelnen Meditationen.*
Bei manchen Meditationen habe ich Ihnen dennoch eine passende Musikempfehlung angegeben, da diese die Phantasie und Entspannung maßgeblich unterstützen können.
Diese einzelnen Titel sollten dann aber in den Sprechpausen und ohne das Anschlagen der Klangschalen, sozusagen als Zwischenspiel, eingesetzt werden.

Denken Sie bei dem Einsatz dieser Stücke auch bitte an die eventuell nötige GEMA-Anmeldung!

Zu fast jeder Meditation eignet sich meiner Meinung nach jedoch ganz hervorragend die gemafreie CD:
„Vogelgezwitscher ohne Musik - Sommertag im Wald"
von Thomas Rettenmaier (Delta Music),
ASIN: B003S5FQL2

Diese ist auf www.entspannungstechniken.eu oder beispielsweise auch bei Amazon erhältlich.

Es ist darauf lediglich beruhigendes Vogelgezwitscher zu hören!

Sinnesreise Herbstzauber

Ich begrüße Sie heute hier ganz herzlich zu unserer Sinnesreise „Herbstzauber" und wünsche Ihnen eine schöne Erholung.

Damit Sie schneller in einen entspannten Zustand finden, werde ich Sie in der folgenden Meditation gleich mit „Du" anreden.

Mache es Dir **jetzt** auf Deiner Unterlage ganz bequem.

Konzentriere Dich nun auf meine Stimme und auf Deinen eigenen Atemrhythmus.

Spüre dem Weg Deines Atems ein paar Atemzüge lang nach.

Spüre, wie die Luft durch die Nase oder den Mund in Deinen Körper eintritt,

wie sie Deine Lungen und Deinen Bauchraum füllt,

und wie sie Deinen Körper beim Ausatmen wieder verlässt.

Vielleicht kannst Du auch schon spüren wie sich Ruhe und Gelassenheit in Deinem Inneren immer mehr und mehr ausbreiten möchten.

Dein Körper wird jetzt ganz schwer und sinkt nun immer tiefer und tiefer in Deine Unterlage ein.

Dir ist schön warm und Du fühlst Dich ganz wohl, ruhig und völlig gelassen.

Du wirst Dir gleich vorstellen wie Du an einem schönen warmen Tag im Herbst einen erholsamen Spaziergang in der Natur unternimmst.

Die Wiesen und Wälder sind in tiefgoldenes Licht getaucht.

Du wanderst einen kleinen Feldweg abseits des täglichen Lärmes und des Trubels entlang und Du genießt die Stille der Natur und das leise Zwitschern der Vögel.

Überall kannst Du warme, leuchtende Farben entdecken.

Du nimmst jede dieser Farben dabei tief in Dein Inneres auf und füllst Dich mit Ihrer Energie.
Du siehst:

Braun glänzende Kastanien

Golden gefärbte Blätter

Dunkelgrünes, würziges Moos

Rot-weiß leuchtende Fliegenpilze

Reife, gelbe Maiskolben

und dunkelrote Hagebutten...

Du kannst die Lebensfreude förmlich spüren, die in Dir **jetzt** immer größer und intensiver wird.

Und Du freust Dich auf die ruhigere Zeit, die nun kommt:
Auf den sanften Frühnebel der Felder,

auf die letzten warmen Sonnentage,

auf die glänzenden Spinnennetze in den Büschen und Bäumen,

auf die schönen, leuchtenden Sonnenuntergänge,

auf den warmen Tee nach einem Spaziergang,
auf die kuschligen Abende bei Kerzenlicht.

Du hörst leise Glockenklänge aus der Ferne,

Du spürst ein Gefühl von Geborgenheit.

Du schmeckst den warmen Tee in Deinem Mund,

Du siehst eine flackernde Kerze vor Deinem geistigen Auge.

Und Du lädst Deinen inneren Akku mit all diesen Empfindungen **jetzt** ganz auf…

Doch nach und nach wird es Zeit, den Zauber des Herbstes langsam wieder zu verlassen und ins Hier und Jetzt zurück zu kehren.

Dazu nimmst Du nun einen **tiefen** Atemzug.

Du lässt Deinen Atemrhythmus wieder intensiver werden.

Dein Atem passt sich wieder Deinem normalen Tempo an.

Du beginnst Dich zu bewegen.

Deine Hände ballen sich zu Fäusten.

Du reckst und streckst Deinen ganzen Körper.

Du bist wieder ganz in der Gegenwart angekommen und fühlst Dich sehr wohl

Spaziergang im Weinberg

Ich begrüße Sie zu unserer Meditation „Spaziergang im Weinberg" und wünsche Ihnen schon jetzt dabei eine schöne Entspannung.

Ich werde Sie in der folgenden Meditation gleich mit „Du" anreden, um Ihr Unterbewusstsein noch tiefer anzusprechen.

Während Du es Dir nun auf Deiner Unterlage bequem machst gleitet Dein Geist bei jedem Atemzug schon langsam in einen angenehmen und entspannten Zustand.

Du kannst spüren, wie sich Dein Bauch sanft hebt und senkt,

wie die Atemluft in Deine Lungen ein- und ausströmt,

und wie Du schon leicht in Deine Unterlage einsinkst.

Dir ist schön warm und Du fühlst Dich sehr wohl.

Alle Gedanken, die Dir jetzt vielleicht noch durch den Kopf gehen, werden nun immer weniger.

Sie lösen sich **jetzt** - oder auch erst in ein paar Minuten in Wohlgefallen auf.

Und nun gehst Du gedanklich langsam durch Deinen Körper.

Du beginnst ganz unten bei den Füssen und spürst nach, ob Du dort vielleicht irgendeine Verspannung wahrnehmen kannst.

Du versuchst nun gleich bewusst Deine Atemluft an Deine Füße zu senden.

Anschließend gehst Du mit Deinen Gedanken noch ein Stück höher,

an Deinen Waden entlang,

zu Deinen Oberschenkeln,

und Du spürst nun in Dein Becken hinein.

Und wieder schickst Du Deinen Atem dorthin, wo Du Verspannungen oder vielleicht sogar Schmerzen wahrnehmen kannst.

Dann gehst Du in Deinen Bauchraum,

langsam die Brustwirbelsäule hinauf, Wirbel für
Wirbel entlang,

Du gehst den Rücken weiter nach oben, bis Du
schließlich am Schulterbereich angekommen bist.

Entspanne jetzt ganz bewusst Deine Schultern, indem
Du sie leicht nach hinten unten schiebst.

Lenke nun Deine Aufmerksamkeit auf Deine
Halswirbelsäule und lasse alles Belastende des Tages
ganz bewusst los.

Spüre nun nochmal nach, an welcher Stelle Dein
Körper Kontakt zu der Unterlage hat.

Falls es Dir noch unbequem sein sollte hast Du jetzt
noch kurz die Gelegenheit, Dich in eine angenehmere
Position zu bringen.

Es ist ein herbstlicher warmer Tag, die Sonne scheint
und wärmt Dir Deine Haut.

Du wanderst in einem Weinanbaugebiet über Wiesen
und Felder.

Du spürst beim Gehen abwechselnd knisterndes Laub,

harte Wurzeln und Steine,

und weiches Moos unter Deinen Füßen.

Halte nun einen Moment inne und lausche der Stille und dem leisen Zwitschern der Vögel.

Eine leichte Steigung führt Dich nun einen kleinen Weinberg hinauf.

Wenn Du dann oben angekommen bist, genießt Du den atemberaubenden Anblick der herbstlich gefärbten Wälder.

Atme nun tief durch und lass die frische, reine Luft bis in Deine Lungenspitzen strömen.

Ein paar Meter weiter entdeckst Du nun mitten im Weinberg eine kleine Bank auf der Du es Dir ganz bequem machst und Dich von den Strapazen des Aufstiegs erholen kannst.

Genieße jetzt die Schönheit der Natur,

spüre die Sonne auf Deiner Haut,

und spüre den leichten Wind in Deinem Gesicht.

Ich frage mich, ob Du vielleicht sogar den Duft von
Erde und Moos und den Duft des feuchten Laubes
ein wenig in Deiner Nase wahrnehmen kannst?

Wenn Du genug geruht hast stehst Du auf, pflückst
Dir noch ein paar saftige, süße Trauben und begibst
Dich dann auf den Rückweg.

Wieder bemerkst Du das weiche Moos,

die harten Wurzeln und Steine

und das knisternde Laub unter Deinen Füßen.

Voll mit neuer Kraft und Energie bist Du nun wieder
in der Lage, alle Höhen und Tiefen des Alltags zu
meistern.

Du nimmst **jetzt** einen tiefen Atemzug.

Du bewegst langsam Deine Zehen.

Du ballst Deine Hände zu Fäusten.

Du verspürst das Bedürfnis Dich sanft zu dehnen, zu recken und zu strecken.

Du bewegst nun kräftig Deinen ganzen Körper.

Und sobald Du wieder hier angekommen bist, öffnest Du mit einem kleinen Lächeln auf den Lippen wieder Deine Augen.

Klang-Meditation Kaminfeuer

Tipp: Diese Meditation ist besonders in der kalten Jahreszeit für einen angenehm temperierten Ruheraum oder eine milde Biosauna sehr gut geeignet.

Ich heiße Sie heute (Abend) bei unserer Klang-Meditation „Kaminfeuer" ganz herzlich willkommen.

Sie werden sich bei der folgenden Meditation gleich ein flackerndes Kaminfeuer vorstellen und die davon ausgehende, entspannende Wärme genießen.

Ich werde Sie dabei mit dem persönlicheren „Du" anreden um Ihr Unterbewusstsein intensiv und nachhaltig anzusprechen.

Ich wünsche Ihnen dabei ganz viel Spaß!

Nimm nun eine bequeme Lage ein und gehe dann mit Deiner ganzen Aufmerksamkeit in Deinen Körper.

Spüre **jetzt** kurz in Dich hinein, ob irgendwo im Inneren eine Verspannung oder vielleicht sogar ein Schmerz vorhanden ist.

Lenke nun Deinen Atem an genau diese Zone.

Spüre, wie die ganze Anspannung und alle Blockaden in Dir nun mit jedem Atemzug immer leichter und geringer werden.

Und Du bemerkst, wie Du nun allmählich immer tiefer und tiefer in einen entspannten Zustand gelangst.

Stell Dir **jetzt** vor, Du hast einen langen Spaziergang an der frischen Luft gemacht und kommst nun in einen Raum, in dem ein offener Kamin brennt.

Du hörst zuerst das Knacken und Knistern des brennenden Holzes.

Dann siehst Du die lodernden Flammen, die in gelben, orangen und roten Farbtönen Dein Auge erfreuen.

Du kannst Dich gar nicht daran satt sehen!

Fasziniert schaust Du eine Weile dem bunten Farbenspiel zu.

Wenig später bemerkst Du, wie sich die angenehm trockene Wärme des Feuers rasch im ganzen Raum und auch in Deinem Inneren ausbreitet.

Dir ist warm, angenehm wohlig warm und ein sanfter Windhauch streift jetzt gleich Deine Haut.

(Man kann dazu gut einen größeren Deko-Fächer einsetzen!)
Allmählich beginnst Du intensiv zu schwitzen.

Du freust Dich über die reinigende Wirkung und den positiven Effekt, die das Schwitzen **jetzt** auf Deinen Organismus und auf Deine ganze Gesundheit hat.

Stell Dir beim nächsten Duschen dann vor, dass sich all Deine Blockaden während dieser Meditation in Deinem Körper aufgelöst haben und mit dem warmen Wasserstrahl auch alles Belastende von Dir abgewaschen wird.

In Kürze wird es Zeit, mit den Gedanken wieder in die Gegenwart zurück zu kehren…

1 Du beginnst Dich **jetzt** sanft zu bewegen
2 Deine Bewegungen werden intensiver
3 Du nimmst einen tiefen Atemzug
4 Du öffnest Deine Augen
5 Du bist wieder ganz hier angekommen und fühlst Dich erfrischt und sehr wohl

Zauber der Weihnachtszeit

Ich begrüße Sie recht herzlich zu unserer
weihnachtlichen Meditation, die Sie an einen
zauberhaften Augenblick aus der Vergangenheit
erinnern soll.

Versuchen Sie einfach die Zeit ein wenig
zurückzudrehen und die spannende und
geheimnisvolle Weihnachtszeit noch einmal mit
Kinderaugen zu sehen.

Ich werde Sie dabei mit „Du" anreden, um einen
intensiveren Kontakt zu Ihnen und Ihrem
Unterbewusstsein zu bekommen.

Nimm eine Dir angenehme und bequeme Position
auf Deiner Unterlage ein und geh dann mit Deinen
Gedanken und Deiner Aufmerksamkeit in Dein
Inneres.

Konzentriere Dich **jetzt** ganz auf Deine Atmung und
spüre, wie angenehm warme Luft in Deinen Körper
einfließt - und wie diese ihn sanft und ohne Druck
wieder verlässt.

Du atmest völlig ruhig und gleichmäßig, ganz in
Deinem eigenen Tempo weiter, ein - und aus.

Gleich wirst Du einatmen und dann mit jedem Atemzug tiefer und tiefer in einen wohligen und entspannten Zustand sinken.

Es kann ganz normal sein, dass Dir vielleicht noch alltägliche Gedanken in den Sinn kommen...

Lass sie einfach wertfrei kommen
und wieder gehen -
bis Dich gleich nichts mehr in Deiner Ruhe und Entspannung stören kann.

Gehe nun mit Deiner Aufmerksamkeit noch einmal zu Deinem Atemrhythmus.

Stell Dir nun vor wie Du mit jedem Atemzug ein Stück weiter in die Vergangenheit reist, bis Du schließlich an einem Zeitpunkt angekommen bist, an den Du Dich jetzt gerne erinnern möchtest.

Vielleicht erinnerst Du Dich an Deinen süßen Adventskalender, in dem immer ein kleines Stückchen Schokolade hinter jedem Türchen steckte. Und vielleicht auch daran, wie Du es jeden Morgen kaum erwarten konntest, das nächste Türchen zu öffnen, um Dir dann die Schokolade in den Mund zu stecken...

Vielleicht liegt in Deiner Erinnerung auch gerade
hoher Schnee und Du hast draußen einen schönen
Schneemann gebaut.
Du kommst ganz verfroren zurück in die Wohnung,
trinkst eine warme Tasse Tee und schaust dann
zufrieden noch einmal aus dem Fenster auf Deinen
Schneemann. Du bist in diesem Moment einfach nur
sehr zufrieden und glücklich…

Vielleicht hast Du aber auch mit Deiner Mutter oder
Oma im Advent Plätzchen gebacken und immer
heimlich am Teig genascht. Stell Dir nochmals den
feinen Duft vor, der aus der Küche kam und alle
Räume erfüllt hat…

Vielleicht hast Du auch ein schönes Geschenk für
jemanden gebastelt oder gekauft, der Dir ganz
besonders am Herzen lag. Stell Dir jetzt nochmals
vor, wie Du dieser Person das Geschenk überreicht
hast und sie sich darüber gefreut hat.

Vielleicht gehst Du in Gedanken auch nochmals als
Kind über einen Weihnachtsmarkt. Du riechst den
süßen Kinderpunsch und den leckeren Bratapfelduft
und schaust Dir mit großen Augen die beleuchteten

Buden mit ihren vielen schönen, glitzernden und bunten Sachen an.

Vielleicht erinnerst Du Dich auch daran, wie Du es am Heiligen Abend kaum noch erwarten konntest, bis es endlich dunkel wurde...
Wie Du immer voller Freude die Geschenke unter dem Weihnachtsbaum entdeckt hast?
Wie Du sie ungeduldig ausgepackt und dann den ganzen Weihnachtsabend damit gespielt hast und daran, dass Du dann gar nicht mehr ins Bett gehen wolltest?

Und vielleicht kannst Du Dir jetzt auch ein wenig dieses Zaubers mit in die vorweihnachtliche Zeit nehmen und in diesem Jahr wieder versuchen, das Weihnachtsfest nochmals aus der Sicht des Kindes in Dir zu erleben.
Ich wünsche Dir dabei ganz viel Freude und viele schöne Momente!

Und langsam ist es nun wieder an der Zeit, mit den Gedanken zum Hier und Jetzt zurück zu kehren.

Nimm wieder einen tiefen Atemzug.

Mit jedem Ein- und Ausatmen kommst Du nun der Gegenwart Stück für Stück wieder näher.

Du spannst gleich Deine Muskeln von oben nach unten an.

Zuerst ballst Du Deine Hände zu Fäusten,

dann spannst Du Deinen Bauch und Rücken an.

Und zuletzt spannst Du Deine Beinmuskulatur an.

Du beginnst Dich nun leicht zu recken und zu strecken.

Du fühlst Dich ganz entspannt und wenn Du dazu bereit bist, kannst Du Deine Augen jetzt wieder öffnen!

Schneeflöckchen Meditation

Tipp: Besonders schön lassen sich die fallenden Schneeflöckchen mit der B9 Kalimba der Firma Hokema akustisch darstellen

Ich begrüße Sie recht herzlich hier in … zu unserer „Schneeflöckchen"-Meditation.
Spüren Sie, in den folgenden ca. 20 Minuten, eine ganzheitliche Entspannung für Körper Geist und Seele.

Um einen Zustand der tiefen Erholung zu erreichen, werde ich Sie dabei mit dem vertrauten „Du" ansprechen.

Du wirst **nun gleich** einen entspannten Atemzug machen.

Spüre, wie der Atem sanft in Deinen Körper ein- und wieder ausfließt.

Wie sich der Bauch dabei hebt- und wieder senkt.

Du atmest völlig ruhig und in Deinem eigenen Tempo.

Ein- und aus.

Ein- und aus.
Und nun stell Dir vor, Du befindest Dich an einem
Winterabend in einer kleinen, beschaulichen
Holzhütte, hoch oben in den Bergen.

Du sitzt gemütlich in einem Schaukelstuhl und vor
Dir brennt ein knisterndes Feuer im offenen Kamin.

Du trinkst eine schöne heiße Tasse Tee, bist ganz
entspannt und Dir ist angenehm warm.

Von Deinem Schaukelstuhl aus siehst Du, wie es
allmählich wieder zu schneien beginnt.

Zuerst sind es nur ganz wenige, kleine Flöckchen,
doch bald schon tanzen große, dicke Flocken an
Deinem Fenster vorbei und fallen langsam vom
Himmel zur Erde hinunter.

Du stehst auf, stellst Dich an die Glasscheibe und
siehst den wunderschönen Kristallen zu, wie sie ganz
leicht und ohne Anstrengung vom Himmel hinab auf
die Erde fallen.
(hier eventuell die Kalimba einsetzen)

Mit einem Mal bist Du ganz in Deinen Gedanken
versunken und Du verwandelst Dich jetzt selbst in
eine der kleinen Schneeflocken.

Du schwebst schwerelos hoch oben in den Wolken, zusammen mit vielen anderen kleinen Schneeflöckchen.

Du tanzt und drehst Dich mit Deinen Freunden voller Energie und Lebensfreude begeistert um die Wette.

Doch nach und nach wirst Du dann ruhiger und gelassener, bis Du schließlich sanft und langsam, wie von Watte getragen, ganz behutsam wieder zur Erde hinunter schwebst.

Und mit jedem Stückchen, dass Du dem Erdboden wieder näher kommst sinkst Du tiefer und tiefer in einen entspannten Zustand hinein.
(jetzt wieder die Kalimba einsetzen)

Glücklich lächelnd schaust Du nun völlig überwältigt hinunter auf die verzauberte, weiße Welt.

Die ganze Landschaft wirkt von hier oben, wie von einer weißen Puderzuckerschicht überzogen.
Du siehst auf die tief verschneiten, sanft beleuchteten und beschaulichen Dörfer hinab.

Auf den Dächern liegt eine wärmende Schneedecke umgeben mit glitzernden Eiszapfen, in denen sich das warme Licht des Dorfes wiederspiegelt.

In einem Garten steht ein großer Schneemann mit einer orangen Karotte als Nase.

Lachende Kinder haben mit ihren Schlitten und Skiern Spuren im frischen Schnee hinterlassen.

Ich lasse Dir nun noch ein wenig Zeit für Deine eigenen winterlichen Bilder...
(sanftes spielen auf der Kalimba)

Das knacken und knistern des offenen Kaminfeuers bringt Deine Gedanken schließlich wieder in die kleine Holzhütte zurück, dorthin, wo unsere Reise begonnen hat.

Mit dem verklingen des letzten Tones wird es allmählich Zeit, wieder ins Hier und Jetzt zurück zu kommen.

Du nimmst nun einen entspannten Atemzug.

Du ballst Deine Hände zu Fäusten.

Du wackelst mit den Zehen.

Du bringst wieder Anspannung in Deinen ganzen Körper.

Du beginnst mit leichten Bewegungen.

Du reckst und streckst Dich.

Du bist **jetzt** wieder ganz hier, in der Gegenwart angekommen.

Du fühlst Dich sehr wohl und bist völlig ruhig, gelassen und entspannt.

Und immer, wenn Du in der nächsten Zeit eine Schneeflocke oder aber die Farbe Weiß siehst, fühlt sich Dein Unterbewusstsein wieder in diesen angenehmen Zustand zurück versetzt.

„Traumschiff" - Paar-Meditation

Tipp: Besorgen Sie sich ein Spielzeug-Megaphon und sprechen Sie damit am Anfang die Worte des Kapitäns. Spielen Sie an den angegebenen Stellen mit der Kalimba immer wieder die selbe Melodie

Ich begrüße Sie heute recht herzlich zu unserer Meditation. Ich habe (passend zum Thema Valentinstag) eine Paar-Meditation für Sie vorbereitet. Falls Sie jedoch alleine hier sind stellen Sie sich einfach eine Person vor die Ihnen am Herzen liegt und die Sie auf dieser Fantasiereise gleich begleiten soll.

Bitte atmen Sie **jetzt** ein paar Mal ganz bewusst, ganz ruhig und sanft,
ein - und aus,
ein - und aus
ein - und aus...

Führen Sie diese beruhigende Atemtechnik während der gesamten Meditation weiter durch und spüren Sie, wie Ihre Gedanken dabei nun langsam zur Ruhe kommen...

Es ist ein wunderschöner und sonniger Tag. Wir befinden uns nun auf einem Luxusdampfer in einem großen Hafen.

(eventuell mit Megaphon):
"Achtung Achtung, hier spricht ihr Kapitän, ich heiße
Sie recht herzlich willkommen an Bord Ihres
Traumschiffes und begrüße Sie auf der "Harmony".
Bitte machen Sie es sich **jetzt** ganz bequem und
nehmen Sie eine angenehme, entspannte Position ein.
Ihr Schiff wird in wenigen Minuten den Hafen
verlassen".

Du stehst mit Deinem Partner auf dem Deck des
Luxusliners und beobachtest mit ihm das bunte
Treiben im Hafen, während das Schiff seine kräftigen
Motoren startet und allmählich den Hafen verlässt.
(eventuell jetzt mit der Kalimba eine Melodie spielen)

Die Sonne scheint angenehm warm vom strahlend
blauen Himmel und erwärmt in diesem Augenblick
sanft Eure Haut.

Ihr freut Euch schon auf den schönen Urlaub und die
viele gemeinsame Zeit, die Ihr nun zusammen
verbringen werdet.

Ein freundlicher Kellner bietet Euch nun einen
leckeren Willkommenscocktail an.

Ihr steht an der Reling und genießt den schönen
Ausblick auf den belebten Hafen, der nun nach und

nach immer mehr und mehr aus Eurem Sichtfeld
verschwindet.

Das Meer glitzert in unzähligen Blautönen und die
Sonne spiegelt sich im Wasser des Schiffpools
wieder.

Alles an Deck strahlt, glänzt und funkelt im
Sonnenschein...

Ihr seht Euch glücklich an und genießt in diesem
Moment einfach nur die freie Zeit und die
unmittelbare Nähe des Anderen.

Entspannung, Ruhe und Erholung bestimmen ab jetzt
Euren weiteren Tagesablauf.

Nun habt Ihr ausreichend Zeit Euch ein wenig auf
dem Schiff umzuschauen,
in die Sonne zu legen
oder ein erfrischendes Bad im Pool zu nehmen,
bevor Euch später der Kapitän zum Candle Light
Dinner bittet.

Die harmonisierenden Töne und Schwingungen der
Klangschalen werden Euch nun sanft tragen und
Eure Gedanken begleiten...
Jetzt wird es langsam dunkel.

Ihr genießt das unglaubliche Farbspiel eines atemberaubenden Sonnenuntergangs, das sich Euch so nur auf dem Meer bietet.

Bald danach ist schon die Zeit gekommen, sich für das Captains-Dinner schick zu machen…

Staunend tretet ihr in den Speisesaal ein.

Er wird nur von unzähligen Kerzen beleuchtet und ist vollkommen in sanfte und warme Farben getaucht.

Ihr bekommt jetzt von einer netten Bedienung ein leckeres 5-Gänge-Menü serviert.

Zuerst bekommt jeder eine kleine Vorspeise,

dann eine köstliche Suppe,

nun eine schmackhafte Salatvariation,

und jetzt ein sehr schön angerichtetes Hauptgericht.

Vielleicht kannst Du den Geschmack der Köstlichkeiten sogar auf Deiner Zunge wahrnehmen?

Zum Abschluss tragen mehrere weiß gekleidete Kellner ein funkensprühendes Eisbuffet herein…

Nach diesem hervorragenden Essen wollt Ihr Euch nun noch ein wenig die Beine an Bord vertreten.

Ein atemberaubender Anblick bietet sich Euch. Der Mond und millionen Sterne spiegeln sich funkelnd auf der Wasseroberfläche wieder.

In der Ferne könnt Ihr ein gelb-grün-rotes Wetterleuchten entdecken, das ähnlich wie das Polarlicht aussieht.

Ihr seid ganz sprachlos und völlig überwältigt von diesem schönen Naturschauspiel und genießt schweigend und glücklich diesen einmaligen Anblick!

Nehmt **jetzt** diese schönen Gefühle von intensiver Ruhe, tiefen Glücks und völliger Zufriedenheit ganz in Euch auf.

Nehmt es mit in Euren Alltag und versucht auch, Euch wieder mehr Zeit füreinander zu nehmen.

Beginnt am besten gleich heute oder morgen damit!

Ich wünsche Euch eine wunderschöne und harmonische gemeinsame Zukunft!

(eventuell jetzt mit der Kalimba wieder eine Melodie spielen)

Allmählich ist es an der Zeit, sich von dieser schönen Kreuzfahrt auf der "Harmony" zu verabschieden und mit den Gedanken wieder ins Hier und Jetzt zurückzukommen.

Nimm dazu **jetzt** einen tiefen Atemzug.

Mit jedem Ein- und Ausatmen willst Du Dir Deiner Umgebung wieder mehr und mehr bewusst.

Beginne Dich sanft zu dehnen, zu recken und zu strecken.

Nach ein paar Atemzügen bist Du dann dazu bereit, Deine Augen wieder zu öffnen.
(eventuell mit der Kalimba eine abschließende Melodie spielen)

Magische Momente

Ich begrüße Sie hier bei uns zur Meditation der magischen Momente.

Wie Sie vielleicht wissen, wird in Meditationen meist das vertraute „Du" verwendet, damit Sie in einen tieferen Entspannungszustand gelangen. Auch ich werde Sie daher gleich mit „Du" ansprechen.

Ich wünsche Ihnen nun viel Spaß und schöne Erfahrungen mit den „magischen Momenten".

Nimm **jetzt** einen entspannten Atemzug und spüre, wie Du mit jedem Atemzug immer mehr und mehr zur Ruhe kommen wirst.

Gehe nun mit Deinen Gedanken in Dein Inneres und höre, wie Dein Herz ganz ruhig und gleichmäßig schlägt.

Wie Dein Atem achtsam und sanft ein - und aus fließt.

Alles was Dich in diesem Moment belastet und alle Dinge, die Dir vielleicht noch durch den Kopf gehen, werden nun völlig unwichtig und fallen in diesem Moment einfach **jetzt** komplett von Dir ab.

Du kannst spüren, wie Körper, Geist und Seele
immer mehr und mehr zu einer Einheit verschmelzen
wollen.

In Dir wird es ganz still.
Alles in Dir will nun zur Ruhe kommen.

Und nun gehst Du in Gedanken zurück zu einem
magischen Moment in Deinem Leben,
zu einem Zeitpunkt,
in dem Du voller Energie und Lebensfreude warst
und Du Dich sehr wohl und glücklich gefühlt hast.

Vielleicht hast Du gerade etwas Tolles erlebt,
irgendwo einen schönen Urlaub verbracht,
hast endlich Dein Ziel erreicht,

oder vielleicht hast Du auch diesen ganz besonderen
Moment in Deinem Leben mit einem lieben
Menschen verbracht?

Bestimmt kommt Dir jetzt etwas in den Sinn, ein
Zeitpunkt, an den Du Dich nun gerne zurück
erinnerst.

Lege nun, wenn Du dies möchtest, Deine Hände über
Deiner Brust oder in Deinem Schoß zusammen und

versuche, Dir die positive Situation nochmals genau
in Erinnerung zu rufen.

Erinnere Dich exakt an die Umstände dieses
magischen Moments,
an alles das, was Du dabei gefühlt,
gesprochen und
getan hast.

Erinnere Dich auch nochmals genau an Deine
Empfindungen,
an die Umgebung,
an die Geräusche
und an alle weiteren Einzelheiten.

Bei allen diesen schönen Gedanken beginnst Du nun
sogar ein wenig zu lächeln...

Und immer, wenn Du in den nächsten Tagen Deine
Hände wieder vor Deinem Körper zusammenlegst,
kann sich auch Dein Unterbewusstsein wieder genau
an diesen unbeschwerten und tiefen Zustand voller
Glück, Energie und Lebensfreude zurückerinnern.

Nimm nun zum letzten Mal einen entspannten
Atemzug und kehre dann mit Deiner ganzen
Aufmerksamkeit - langsam - wieder zu Deinem
normalen Atemrhythmus zurück.

Löse nun gleich bewusst die Hände wieder voneinander und spanne dann die ganzen Armmuskeln, von unten nach oben beginnend, an.

Bewege anschließend Deine Füße und spanne diese, ebenfalls von unten nach oben beginnend, an.

Bewege sanft Deinen gesamten Körper und beginne damit, Dich zu recken und zu strecken.

Und wenn Du dies möchtest, öffnest Du dann Deine Augen.

Du bist wieder völlig im Hier und Jetzt angekommen.

Du fühlst Dich erfrischt, sehr wohl, sorglos und ausgeglichen und lächelst dem restlichen Tag entgegen…

Ich hoffe, Sie haben sich eben bei der Meditation einen magischen Moment Ihres Lebens zurück in Erinnerung rufen können und sind jetzt alle gut erholt.

Momente des Glücks

Ich begrüße Sie recht herzlich zu unserer Meditation.

Spüren Sie in den folgenden ca. 20 Minuten wie Sie innerlich dabei immer mehr zur Ruhe kommen und entspannende Momente des Glücks erleben.

Ich wünsche Ihnen dabei schöne Erfahrungen!

Um einen Zustand der tiefen Erholung zu erreichen, werde ich Sie dabei mit dem vertrauten „Du" anreden.

Schließe **jetzt** Deine Augen und beginne, bewusst und achtsam, tief in Deinen Bauchraum zu atmen.

Nimm einfach wahr, wie die Atemluft ganz automatisch und völlig ohne Anstrengung in Dich ein- und ausströmt.

Wie der Atem den Bauch anhebt - und wieder senkt,
ganz leicht,
ganz sanft,
ganz in Deinem eigenen Tempo.

Der Atem fließt in Deinen Bauchraum und in Deinen Brustkorb,
hebt und senkt diesen immer und immer wieder,

ganz sanft,
ganz leicht,
ganz in Deinem eigenen Tempo.

Nimm so Deinen inneren Rhythmus noch ein paar
Atemzüge lang bewusst wahr.

Alles in Dir hat jetzt die Chance zur Ruhe zu
kommen,
alles wird Dir unwichtig,
gleichgültig,
völlig egal.

Du bist jetzt mit den Gedanken nur noch bei Dir.
Und Du spürst wie sich immer mehr und mehr Ruhe
und Ausgeglichenheit in Dir ausbreiten wollen.

Aller Stress des Alltags,
alle Anspannung
und alle überflüssigen Gedanken verblassen,
werden nach und nach immer weniger.

Du genießt nur noch die Stille,
die Ruhe
und Harmonie
und bist nun ganz bei Dir angekommen.

Und nun stell Dir vor, Du sitzt in den frühen
Morgenstunden auf einer schönen Wiese, hoch oben
auf einem Berg.

Die Sonne geht langsam auf und ist schon leicht über
den entfernten Gipfeln zu sehen.

Sie wärmt Dich **jetzt** - mit ihren sanften Strahlen.

Diese ganz besondere Atmosphäre verstärkt die
innere Ruhe und tiefe Gelassenheit in Dir.

Du hast beim Aufstieg auf den Berg mit jedem Schritt
alle Hektik,
alle Anspannung und
allen Stress einfach im Tal zurück gelassen.

All dies ist jetzt unendlich weit weg…

Du lässt nun Deinen Blick entspannt über die Wiesen,
Berge und Täler schweifen.

Du schnupperst die frische Bergwiesenluft
und vielleicht kannst Du sogar den würzigen Duft der
vom Tau benetzten Blumen und Gräser
leicht in Deiner Nase wahrnehmen?

Du bist in diesem Augenblick einfach sehr glücklich!

Du genießt ganz intensiv diesen wunderschönen
Moment des tiefen Glücksgefühls,
absoluter Entspannung
und unendlicher Freiheit.

Und plötzlich beginnst Du vor Freude sogar zu
lächeln.

Versuche jetzt dieses starke Gefühl tief in Dir
abzuspeichern, damit Du auch in schwierigen
Situationen immer wieder darauf zurückgreifen
kannst.

Nimm nun einen letzten entspannten Atemzug.

Lasse Deinen Atemrhythmus jetzt wieder intensiver
und kräftiger werden.

Balle Deine Hände sanft zu Fäusten.

Bewegen dann leicht Deine Zehen.

Werde Dir Deines ganzen Körpers wieder bewusster.
Mach ein paar leichte Dehnungen und lasse sie dann
intensiver werden.

Wenn Du wieder dazu bereit bist, öffnest Du
schließlich Deine Augen.

Sternenzauber

Ich begrüße Sie heute recht herzlich hier zur
Meditation „Sternenzauber".

Lassen Sie die folgenden ca. 20 Minuten Körper,
Geist und Seele ganz langsam zur Ruhe kommen.

Genießen Sie die dabei entstehende, tiefe innere
Erholung und tanken Sie sich mit neuer Kraft und
Energie für den Alltag auf.

Ich wünsche Ihnen eine schöne Ruhepause!

Während der Meditation werde ich Sie gleich mit dem
persönlicheren „Du" ansprechen, um eine tiefere
Entspannung zu bewirken.

Mache es Dir nun auf Deiner Unterlage bequem und
spüre dann einmal ganz bewusst in Deinen eigenen
Atemrhythmus hinein.

Du achtest nun nur noch auf Deinen Atem,
spürst, wie sich der Brustkorb hebt und senkt,
die Luft ein- und ausströmt,
in völliger Ruhe und Harmonie.

Geh nun mit Deinen Gedanken irgendwo an einen schönen Strand und leg Dich jetzt dort in der Abendsonne nieder.

Du spürst den warmen Sand unter Deinem Körper und merkst nach und nach, wie sich alle Anspannung und aller Stress aus Deiner Muskulatur und Deinem gesamten Körper lösen wollen...

Du genießt einfach nur diesen Moment, im Hier und Jetzt.

Allmählich verschwindet die Sonne hinter dem Horizont und nach und nach bricht die Dunkelheit der Nacht herein.

Über Dir funkeln Millionen und Abermillionen von Sternen.

Es ist ein atemberaubender Anblick der Dich ganz überwältigt und sprachlos macht.

Alles was Dich belastet, alles was Dir im Alltag durch den Kopf geht, wird völlig unwichtig und liegt nun ganz weit entfernt, hinter Dir.

Du bist **jetzt** ganz in Deiner Mitte angekommen und überhaupt nichts mehr kann Dich in Deiner Tiefenentspannung stören.

Von Ferne hörst Du das leise Rauschen des Meeres.

Jede Welle, die das Meer an den Strand spült, bringt Dir immer mehr und mehr Erholung und tiefe Entspannung.

Die Wärme des Sandes wärmt noch immer Deinen Körper und Du fühlst Dich völlig wohl, völlig entspannt.

Du blickst wieder hinauf zum Himmelszelt und zu den Millionen von Sternen, die Lichtjahre von Dir entfernt sind.

Beim Anblick dieser Sterne spürst Du plötzlich, wie unwichtig Deine eigenen Probleme im Vergleich zu der Weite und Ausdehnung des riesigen Universums doch eigentlich sind.

Und vielleicht kannst Du **jetzt** manches davon nun einfach leichter loslassen.

Am Nachthimmel beobachtest Du, wie plötzlich eine Sternschnuppe vom Himmel fällt - und Du darfst Dir nun, genau **in diesem Augenblick,** etwas wünschen.

Wenn Du ganz fest daran glaubst wird sich dieser Wunsch sicher auch bald erfüllen.

Löse Dich langsam gedanklich wieder von dem Anblick des Sternenhimmels und geh dann mit Deiner Aufmerksamkeit wieder in Deinen Körper zurück.

Achte wieder bewusster auf Deinen Atem.

Lasse Deinen Atemrhythmus langsam wieder an die Normalität angleichen.

Nimm **jetzt** einen tiefen Atemzug.

Spreize beim nächsten Atemzug Deine Finger.

Strecke beim nächsten Atemzug Deine Beine in die Länge.

Bring beim nächsten Atemzug Anspannung in Deinen gesamten Körper.

Und wenn Du dann dazu bereit bist, öffnest Du wieder Deine Augen.

Traum von Hawaii

Tipp: hawaiianische Musik, downloadbar bei Amazon
Lied 1: Kealii Reichel, E O Mai,
Lied 2: Kealii Reichel, Malie´s Song, Hawaiian Lullaby,
Lied 3: Kealii Reichel, Lei Hali`a,
Lied 4: Kealii Reichel, Ku`u Pua Mae`ole

Ich begrüße Sie recht herzlich zu unserer Meditation.
Spüren Sie in den folgenden ca. 30 Minuten wie
Körper, Geist und Seele zu den Klängen der
Klangschalen (und zu traditioneller hawaiianischer
Musik) immer mehr und mehr zur Ruhe kommen.
Ich wünsche Ihnen viel Spaß dabei!

Um einen Zustand der tiefen Erholung zu erreichen,
werde ich Sie dabei mit dem vertrauten „Du"
anreden.

Schließe Deine Augen und lasse Deine Gedanken mit
jedem Atemzug nun immer mehr und mehr zur Ruhe
kommen.

Gehe dann mit Deiner ganzen Aufmerksamkeit in
Deinen Körper.

Atme dabei ein paar Mal ganz ruhig und sanft ein -
und aus.

Werde Dir nun den Punkten bewusst, an denen Du
Deine Unterlage berührst.

Geh nun mit Deiner ganzen Aufmerksamkeit zu
Deinen Füßen.
Wie fühlen sich die Fersen an?

Wie fühlst Du die Zehen?

Und wie ist das Fußgewölbe in diesem Moment
beschaffen?

Nimm alles ganz wertfrei wahr...

Und dann wandere gedanklich langsam nach oben
über die Wade,

in die Knie,

über die Oberschenkel,

bis hoch in die Hüfte.

Konzentriere Dich nun auf Dein Becken,

dann auf den Bauch.

Geh nun vom unteren Ende der Wirbelsäule hoch,

bis hinauf in die Brustregion,

und nach oben in die Halswirbelsäule.

Spüre zuletzt noch in die Finger,

in die Hände,

in Deine Unterarme,

und gehe dann über die Ellenbogen,

hoch zu den Schultern und lasse diese nun ganz
bewusst, entspannt - fallen.

Konzentriere Dich nun auf Deinen Kopf.

Nimm alle Gedanken und eventuellen Anspannungen
wahr, die Dich vielleicht noch beschäftigen und lasse
sie **jetzt** einfach los.

Du bist nun mit Deiner ganzen Achtsamkeit in
Deiner inneren Mitte angekommen und fliegst,
so ganz entspannt,
gedanklich über Europa,
über den atlantischen Ozean,
über Amerika,
den pazifischen Ozean,
zu der Insel Hawaii.
*(Musik Lied 1: Kealii Reichel, E O Mai, kurz anspielen,
dann ausblenden)*

Ein strahlend blauer Himmel und ein schneeweißer, unendlich langer und palmengesäumter Strand erwarten Dich schon.
(Musik Lied 1: Kealii Reichel, E O Mai, Text sprechen, wieder einblenden, weiter laufen lassen)

Aus der Ferne klingt ganz leise (hawaiianische) Musik und die sanften Klänge der Klangschalen *(und Ukulelen)* bringen immer mehr und mehr Ruhe und Entspannung in Deinen gesamten Körper.
(Musik Lied 1: Kealii Reichel, E O Mai, ausblenden - Text sprechen – dann Musik weiter laufen lassen)

Setze Dich nun gedanklich an diesen einsamen Strand und genieße die atemberaubende Aussicht auf das Meer.
(Musik Lied 1: Kealii Reichel, E O Mai, ausblenden, Text sprechen, weiter laufen lassen)

Atme die frische Luft tief in Dich ein,
(Musik Lied 1: Kealii Reichel, E O Mai, ausblenden, Text sprechen, weiter laufen lassen)

spüre die Wärme der Sonnenstrahlen auf Deiner Haut.
(Musik Lied 1: Kealii Reichel, E O Mai, ausblenden, Text sprechen, weiter laufen lassen)

Du lässt Deinen Geist dabei ganz frei werden…

(Musik Lied 1: Kealii Reichel, E O Mai, ausblenden, Text sprechen, weiter laufen lassen)

Genieße nun ganz intensiv das Glück des Augenblickes und absolut nichts kann Deine tiefe Entspannung jetzt noch stören!
(Musik Lied 1: Kealii Reichel, E O Mai, ausblenden, Text sprechen, fertig laufen lassen)

(Lied 2: Kealii Reichel, Malie´s Song, Hawaiian Lullaby, kurz anspielen, dann ausblenden)
Nach einer Weile jedoch möchtest Du schauen, woher diese schöne Musik kommt.

Du gehst langsam ein Stück in diese Richtung und entdeckst ein paar dunkelhäutige, langhaarige Tänzerinnen in hellbraunen Baströckchen, die die traditionellen hawaiianischen Hulatänze aufführen.
(Lied 2: Kealii Reichel, Malie´s Song, Hawaiian Lullaby, kurz anspielen, dann ausblenden)

Eine der Damen hat Dich gleich entdeckt.
Sie löst sich aus der Gruppe und kommt freundlich lächelnd zu Dir.
(Lied 2: Kealii Reichel, Malie´s Song, Hawaiian Lullaby, kurz anspielen, dann ausblenden)

Sie begrüßt Dich, nimmt sich ihre Blumenkette vom Hals und legt sie Dir um den Deinen.

(Lied 2: Kealii Reichel, Malie´s Song, Hawaiian Lullaby, kurz anspielen, dann ausblenden)
Sie gibt Dir zu verstehen, dass Du es Dir jetzt in einer Hängematte zwischen zwei Palmen bequem machen darfst.
(Lied 2: Kealii Reichel, Malie´s Song, Hawaiian Lullaby, kurz anspielen, dann ausblenden)

Ein junger Mann reicht Dir eine mit leckerer Flüssigkeit gefüllte Kokosnuss und während Du Deinen Cocktail genießt, schließt Du Deine Augen und nimmst nur noch die Entspannung, Ruhe und Harmonie in Deinem ganzen Körper wahr.
(Lied 2: Kealii Reichel, Malie´s Song, Hawaiian Lullaby, kurz anspielen, fertig laufen lassen)

(Lied 3: Kealii Reichel, Lei Hali`a, kurz anspielen, zwischendurch Texte sprechen, weiter laufen lassen)
Du lächelst glücklich und genießt den leicht süßen Geruch der Blumen in Deiner Nase,

Du spürst den fruchtigen Geschmack des Cocktails auf Deiner Zunge,
(Lied 3: Kealii Reichel, Lei Hali`a, wieder einblenden, zwischendurch Texte sprechen, weiter laufen lassen)

die angenehme Wärme auf Deiner Haut,
(Lied 3: Kealii Reichel, Lei Hali`a, wieder einblenden, zwischendurch Texte sprechen, weiter laufen lassen)

die leise Musik in Deinen Ohren
*(Lied 3: Kealii Reichel, Lei Hali`a, wieder einblenden,
zwischendurch Texte sprechen, weiter laufen lassen)*

und Du fühlst Dich einfach großartig!
*(Lied 3: Kealii Reichel, Lei Hali`a, wieder einblenden,
zwischendurch Texte sprechen, weiter laufen lassen)*

Du träumst so noch ein wenig vor Dich hin, erfüllt
von Harmonie- und Glücksgefühlen, …
*(Lied 3: Kealii Reichel, Lei Hali`a, wieder einblenden,
zwischendurch Texte sprechen, fertig laufen lassen)*

*Lied 4: Kealii Reichel, Ku`u Pua Mae`ole, kurz anspielen,
zwischendurch Texte sprechen, weiter laufen lassen)*
Doch bald schon ist die Zeit gekommen, sich
gedanklich wieder auf die Wirklichkeit einzustellen
und sich von den schönen Stunden auf Hawaii zu
verabschieden.
*Lied 4: Kealii Reichel, Ku`u Pua Mae`ole, wieder einblenden,
zwischendurch Texte sprechen, weiter laufen lassen)*

Dankbar schickst Du noch ein letztes Lächeln über
Dein Gesicht, bevor Du dann einen tiefen Atemzug
nimmst und Stück für Stück wieder langsam im Hier
und Jetzt ankommst.
*Lied 4: Kealii Reichel, Ku`u Pua Mae`ole, wieder einblenden,
zwischendurch Texte sprechen, fertig laufen lassen)*

Werde Dir nun Deiner Füße und Beine wieder ganz bewusst und beginne damit, sie leicht zu bewegen.

Als nächstes lenkst Du Dein Bewusstsein auf Deine Arme.

Du bewegst sanft Deine Hände und dann beide Arme.

Du beginnst Dich zu recken und zu strecken und wenn Du möchtest, kannst Du dann die Augen auch schon wieder langsam öffnen.

Entdecke Deine innere Schönheit

Ich begrüße Sie hier bei uns zu unserer Meditation:
„Entdecke Deine innere Schönheit"

Um Ihr Unterbewusstsein noch intensiver und
nachhaltiger zu erreichen, werde ich Sie bei der
Meditation gleich mit dem persönlicheren „Du"
ansprechen.

Wenn es Dir möglich ist setze Dich bitte bequem auf
Deine Unterlage und richte Dich dann ganz gerade
auf. Wenn Du lieber liegen möchtest versuche dabei
einfach etwas Länge in Deinen Körper zu bringen.

Stell Dir vor, ein unsichtbarer Faden zieht Dich leicht
an Dir und gibt Dir ausreichend Halt und Stärke.

Dein Körper ist trotzdem völlig entspannt und strahlt
von innen nach außen eine ungemeine Ruhe und
Gelassenheit aus.

Achte **jetzt** ganz bewusst auf Deine Empfindungen.

Beginne bei Deinen Füßen und gehe dann langsam,
Stück für Stück, immer weiter im Körper nach oben.

Falls Du bei Deiner Reise durch den Körper
irgendwo Verspannungen oder vielleicht sogar
Schmerzen wahrnehmen kannst, schicke Deinen
Atem jetzt genau dorthin.

Und Du kannst spüren, wie sich nach und nach,
immer mehr Leichtigkeit und Erholung dort
ausbreiten wollen.

Nun konzentriere Dich wieder auf Deinen gesamten
Körper.

Gehe nun gedanklich an alle Stellen die Du schön an
Dir findest und die Du ganz besonders an Dir magst.

Mache Dir in diesem Moment jetzt auch bewusst,
dass es nirgendwo einen perfekten Menschen und
einen völlig perfekten Körper gibt.

Jeder hat Stellen an sich, die er selbst vielleicht nicht
so schön findet, die aber oft anderen Menschen
absolut unwichtig erscheinen...

Jeder Mensch ist auf seine eigene Art perfekt, jeder
Körper hat immer auch etwas Schönes an sich.

Vielleicht ist dies manchmal auf den ersten Blick nicht sofort zu erkennen.

Vielleicht liegt genau Deine Schönheit auch im Inneren verborgen und wartet nur darauf, von Dir entdeckt und gelebt zu werden.

Schenke Dir nun ein Lächeln und nimm beim nächsten Einatmen die Worte „Harmonie" und „innere Schönheit" tief in Dich auf.

Du atmest „Harmonie" und „innere Schönheit" in Dich ein.

Atme so noch ein paar Atemzüge selbständig weiter.

Erfülle **jetzt** Deinen gesamten Körper mit dieser Harmonie und Schönheit.

Spüre, wie Du bei jedem Atemzug immer mehr und mehr Zufriedenheit und Selbstbewusstsein im Inneren spürst.

Du bist ein ganz wunderbarer Mensch mit vielen positiven Eigenschaften die Du nun genau in diesem Moment, aber auch in der Zukunft, von innen nach außen ausstrahlen kannst.

Und nun mach Dich langsam bereit, mit den Gedanken wieder zurück zum Ausgangspunkt unserer kleinen Reise zu kommen.

5 Du bringst langsam wieder Spannung in Deine gesamte Muskulatur

4 Du beginnst mit leichten Bewegungen

3 Deine Bewegungen werden etwas intensiver

2 Du dehnst Dich sanft in die Länge

1 Und nun öffnest Du Deine Augen und Du hast immer noch das Innere Lächeln auf Deinem Gesicht

Holländisches Tulpenmeer

Ich heiße Sie heute ganz herzlich zu unserer
Frühjahrsmeditation willkommen. Genießen Sie in
den folgenden ca. 30 Minuten die belebende Wirkung
und den feinen Duft von bunten Tulpen. Tanken Sie
neue Energie und Lebensfreude, beruhigen Sie Ihren
Geist und klären Sie nachhaltig Ihre Gedanken.

Ich wünsche Ihnen dabei viel Spaß und eine schöne
Erholung.

Um einen Zustand der tiefen Entspannung zu
erreichen, werde ich Sie nun gleich mit dem
persönlicheren „Du" ansprechen.

Nimm **jetzt** eine bequeme und natürliche Haltung auf
Deiner Unterlage ein und konzentriere Dich dann nur
noch auf Deinen Atemfluss und auf meine Stimme.

Du spürst, wie sich die Bauchdecke beim Einatmen
ganz entspannt anhebt –
und beim Ausatmen wieder leicht absenkt.

Wie Du mit jedem Atemholen immer
ruhiger und gelassener wirst –
und alles um Dich herum Dir zunehmend
unwichtiger wird...

Mit jedem Atemzug beruhigt sich Dein Innerstes und eine tiefe Ruhe möchte sich nun gleich in Deinem ganzen Körper ausbreiten.

Die feinen Vibrationen der Klangschalen dehnen sich nun nach und nach immer intensiver hier im Raum aus und kommen dabei langsam, in Form von Wellen, mehr und mehr bei Dir an.

Du fühlst Dich von dem harmonischen Klang behutsam getragen, liebevoll umhüllt und Du bist vollkommen geborgen.

Die sanften Schwingungen führen Deine Gedanken nun hinaus aus diesem Raum.

Sie führen Dich in Richtung Holland zu einem riesigen, bunten Tulpenfeld.

Deine Arme verwandeln sich **jetzt** gleich in Flügel und Du schwebst nun ganz leicht und unbefangen, wie ein großer Schmetterling auf seinen sanften Schwingen, über ein duftendes, buntes Blumenmeer.

Du spürst dabei eine nie dagewesene Freude und Leichtigkeit und genießt einfach nur diesen schönen, unbeschwerten Zustand.

Ein sanfter Windhauch weht einen süßen Blütenduft zu Dir und lässt Dich dabei noch tiefer und tiefer in die Entspannung sinken.

Du gleitest mit Deinen zarten Flügeln schwerelos schwebend einige Zeit über unzählige Tulpen, bis Du schließlich ganz achtsam - auf einer besonders schönen, roten Blüte landen willst.

Sofort kannst Du die intensive Wärme der leuchtenden Farbe Rot zuerst in Deinen Füßen und anschließend auch im restlichen Körper spüren.

Dieses Rot schenkt Dir kraftvolle Dynamik und Energie, die Du nun tief in Dich aufnehmen kannst.

Nach einer Weile hast Du genug Tatkraft gesammelt und möchtest nun noch eine andere Blütenfarbe besuchen.

Deine anmutigen Flügel tragen Dich nun mit unbeschwerter Leichtigkeit wieder ein Stück weiter über das Tulpenfeld und diesmal suchst Du Dir zum Landen eine sonnengelbe Blüte aus.

Das intensive Gelb schenkt Dir eine große
Leichtigkeit und neue Lebensfreude.

Du beginnst innerlich vor lauter Glück zu strahlen,
bis in Deinem Gesicht vielleicht sogar ein kleines
Lächeln erscheint.

Und wieder kannst Du die schönen Gefühle, die diese
Farbe in Dir auslösen, tief in Dich aufnehmen.

Nach einiger Zeit hast Du genug Glücksgefühle
gesammelt und verspürst wieder das innere Bedürfnis
die Farbe nochmals zu wechseln.

Du schwebst leicht und unbeschwert über das große,
bunte Tulpenmeer, voller Anmut, getragen vom lauen
Frühlingswind, auf der Suche nach der nächsten
Farbe.

Du siehst viele schöne Blumen und entscheidest Dich
diesmal jedoch für die Farbe Weiß.

Das Weiß beruhigt Deinen Geist,
klärt Deine Gedanken,
schenkt Dir Ruhe,
inneren Frieden und Ausgeglichenheit.

Du bist nun ganz in Deiner inneren Mitte
angekommen!

Glücklich und zufrieden genießt Du ein letztes Mal
das Gefühl der Unbeschwertheit und Leichtigkeit, das
Dir der Schmetterling und die schönen Farben
gegeben haben.

In völliger Harmonie beendest Du **jetzt** mit einem
tiefen Atemzug diese Sinnesreise und trittst
gedanklich allmählich den Rückweg an.

Nun ballst Du Deine Hände zu Fäusten.
Du beginnst mit kleinen, sanften Bewegungen.
Du bringst wieder Spannung in Deinen Körper.
Du reckst und streckst Dich und öffnest dann,
wenn Du dazu bereit bist,
1
2
3
wieder Deine Augen.

Und immer, wenn Du Dich nach einer Erholung
sehnst, kannst Du über Dein Unterbewusstsein durch
das bewusste Einsetzten der Farben Rot, Gelb oder
Weiß diesen entspannten Zustand wieder erreichen.

Wir begrüßen den Frühling

Wenn wir nach der kalten Jahreszeit wieder die ersten
Sonnenstrahlen auf unserer Haut spüren können,
fühlen wir uns gleich viel wohler und empfinden die
neu erwachende Lebensenergie besonders intensiv.

Von genau diesem schönen Gefühl soll unsere
heutige Meditation: „Wir begrüßen den Frühling" nun
handeln.

Ich werde Sie dabei gleich mit dem vertrauten „Du"
ansprechen und wünsche Ihnen schon jetzt für die
nächsten ca. 20 Minuten eine wundervolle Auszeit
vom Alltag!

Achte während der Meditation nun bewusst auf
Deinen Atem und spüre, wie dieser sanft in Dich
ein - und wieder aus fließt.
Ein - und aus.
Ein - und aus.

Stell Dir vor, Du gehst an einem schönen, warmen
Frühlingstag ein wenig draußen spazieren.

Die ersten, zarten Sonnenstrahlen wärmen Deine
Haut und Du fühlst Dich dabei so richtig wohl.

Dein Weg führt Dich über einen kleinen, schmalen
Pfad zu einer grünen Wiese.

Dort blühen schon die ersten Blumen.
Du entdeckst einige kleine, weiße Gänseblümchen
und gelben Löwenzahn. (oder: gelbe Osterglocken)

An den Bäumen sind schon zarte, grüne Blättchen zu
erkennen und die Luft riecht ganz nach dem
beginnenden Frühling: frisch, süß und aromatisch.

Du atmest **jetzt** diesen Duft tief in Dich ein und
Deine innere Energie steigt dadurch mit jedem
Atemzug immer mehr und mehr an.

Du fühlst Dich schon nach einer kurzen Zeit, als ob
Du Bäume ausreißen könntest!

Doch bald schon möchtest Du Deinen Spaziergang
fortsetzen und weiter auf dem schmalen, steinigen
Weg laufen, der Dich schon nach kurzer Zeit zu
einem kleinen Weiher führt.

Du entdeckst dort eine Bank aus Holz, auf der Du
Dich dann von den Anstrengungen des Alltags ein
wenig erholen kannst.

Deine Blicke gleiten entspannt über den See.

Am Ufer wächst gelbes Schilf und schmales, grünes
Gras, das sich sanft im Rhythmus Deines Atems
hin- und her wiegt.

Hin- und her. Hin- und her.

Eine Entenmutter schwimmt schnatternd mit ihren jungen Küken an Dir vorbei.

Ihre sanften Bewegungen kräuseln die Oberfläche des Wassers zu kleinen, weichen Wellen, die sich immer mehr und mehr über den ruhigen Wasserspiegel ausbreiten.

Alle Deine Gedanken, alles was Dich sonst so beschäftigt, dies alles, löst sich langsam mit den Wellen immer mehr und mehr auf.

Je länger Du dieses beobachtest, desto ruhiger wird auch Dein Innerstes.

In Dir sind bald nur noch die tiefe Entspannung und eine große, innere Ausgeglichenheit.

Du geniest diesen intensiven Zustand und fühlst Dich selbst wie ein tiefgründiges Wasser, dass nichts, absolut nichts, **jetzt** mehr aus der Ruhe bringen kann.

Nimm diesen harmonischen Zustand nun ganz deutlich in Dir wahr.

Versuche dieses Gefühl gleich tief in Dir abzuspeichern, damit Du es in stressigen Situationen immer wieder in Dir abrufen kannst.

Lasse nun Deine Gedanken wieder langsam zum
glatten Wasserspiegel des Sees zurück kommen und
begib Dich dann, ganz allmählich, auf den Rückweg
Deiner inneren Reise.

Deine Augen bleiben zunächst noch geschlossen.

Nun nimm einen tiefen Atemzug.

Spreize dann Deine Finger und forme anschließend
mit Deinen Händen eine Faust.

Als nächstes wackelst Du mit den Zehen.

Nun bewegst Du Deinen ganzen Körper,
zuerst nur ein wenig,
dann werden die Bewegungen immer intensiver.

Jetzt reckst und streckst Du Dich, bis Du wieder
hellwach und voller Energie,
ganz hier in der Gegenwart angekommen bist.

Ich hoffe, Sie konnten Ihre inneren Empfindungen
deutlich wahrnehmen und Sie fühlen sich nun richtig
gut erholt und sind tief entspannt.
Falls es Ihre erste Meditation war und das Abschalten
auf Anhieb noch nicht so gut geklappt hat hoffe ich,
Sie finden die nächsten Tage ein wenig Zeit für einen
Spaziergang draußen in der Natur…

Zauberhaftes Frühlingserwachen

Nach den kalten Wintermonaten und der Dunkelheit
hat jeder Mensch das innere Bedürfnis nach Wärme,
Sonne und Natur.
Davon soll diese Meditation handeln.
Ich wünsche Ihnen für die folgende halbe Stunde
dabei viel Spaß.

Wie Sie wahrscheinlich wissen, werden in
Meditationen die Teilnehmer meist mit dem
vertrauten „Du" angesprochen damit eine tiefere
Entspannung erreicht wird.
Auch ich werde dies nun gleich bei Ihnen tun.

Stell Dir vor, Du bist an einem schönen Frühlingstag
irgendwo draußen in der Natur und genießt die ersten
warmen Sonnenstrahlen auf Deiner Haut.

Die Wärme tut Dir gut, Du fühlst Dich wohl und
nichts kann Dich dabei in Deiner guten Stimmung
stören.

Alles, was Dich im Alltag belastet, alles, was Du
vielleicht noch zu tun hast, dies alles wird Dir **jetzt**
vollkommen gleichgültig.

Du lässt Deinen Blick nun über die Landschaft
schweifen.

Die Natur erwacht, die ersten Schneeglöckchen und Märzenbecher strecken ihre Köpfe durch die letzten Schneereste und begrüßen voller Freude den Frühling.

Sie haben sich vor Kurzem mit ihrer ganzen Kraft durch den Erdboden geschoben.

Nun wiegen sie sich sanft im lauen Wind, hin - und her.

Genauso sanft, wie Dein Atem jetzt ein - und aus strömt.

Dein Atem strömt sanft ein - und aus.
Ein - und aus.

Der Winter hat Dich viel Kraft gekostet und es ist nun an der Zeit, Dich mit neuer Energie aufzutanken.

Bald schon wirst Du diese Dynamik sehr intensiv in Dir spüren können.

Die ganze Umwelt, die ganze Natur ist wieder wie Du, auf Wachstum und Erneuerung eingestellt.

Die Leichtigkeit des Frühlings bringt auch Dir schon bald neue Impulse.

Vielleicht hast Du Lust auf gesündere Ernährung,
mehr Bewegung an der frischen Luft oder auch
darauf, etwas Neues zu beginnen?

Jetzt ist genau der richtige Zeitpunkt dafür
gekommen!

Voller Tatendrang gehst Du nun ein Stück spazieren.

Du kannst überall das Wachsen und die Veränderung
in der Natur beobachten.

Sieh Dich nun einmal genauer um:
Frisches und zartes Grün in unterschiedlichen Tönen
sprießt an den Bäumen und Sträuchern.

Rote Tulpen, gelbe Narzissen, lila Traubenhyazinthen
und viele andere Frühlingsblumen leuchten Dir schon
von Weitem entgegen.

Alle diese Farben erfreuen Dein Inneres und alles in
Dir beginnt ebenfalls glücklich zu strahlen.

Dieses innere Lächeln möchte sich nun auch bald
schon in Deinem Gesicht breit machen.

Du genießt den lauen Frühlingswind,
der sanft Deine Haut streichelt,

den feinen Blütenduft,
der Deiner Nase schmeichelt.

Du nimmst einen intensiven Atemzug der Dir neue
Energie und Frische schenkt.

Und je länger Du diese Frühlingsluft in Dich
einatmest, desto tiefer fällst Du in einen völlig
wohligen und entspannten Zustand.

Die Zugvögel sind aus ihrem Winterquartier
zurückgekehrt und begrüßen Dich schon in den
frühen Morgenstunden mit ihren fröhlichen Liedern.

Das Summen der Bienen und das Zwitschern der
Vögel klingen wie Musik in Deinen Ohren.

Von weitem bellt ein Hund und Du hörst
unbeschwertes Kinderlachen.

Ein kleines Eichhörnchen klettert vom Baum
herunter und sucht am Boden nach den letzten
Nüssen, die es dort im Herbst versteckt hat.

Zwei große weiße Schwäne schwimmen majestätisch
über einen See und auch ein paar kleine Fische
springen voller Freude aus dem Wasser.

Auch Du wirst jetzt angesteckt von dieser Lebensfreude, von der Energie, von einem ungeahnten Tatendrang und dem Neuanfang, den die Natur jetzt für Dich bereithält.

Lass diese Stimmung nun noch einige Momente auf Dich wirken.

Das Zwitschern der Vögel holt Dich **jetzt** aus Deinen Gedanken wieder in die Gegenwart zurück.

Nimm einen tiefen Atemzug.

Mit jedem Ein- und Ausatmen kommen Frische und Energie in Deinen Körper.

Du bewegst Deine Finger und ballst diese zu Fäusten.

Du reckst und streckst Dich nun der Sonne entgegen.

Du bist wieder völlig wach hier im Raum angekommen und mit einem Lächeln begrüßt Du diesen schönen Frühlingstag.

Indische Nächte

Tipp: Besonders schön ist es, wenn Sie vor der Meditation an jeden Teilnehmer einen Teebeutel mit indischem Gewürztee oder ein mit Nelkenöl beduftete Wattebausch austeilen, der dann auf den Brustkorb aufgelegt werden kann.

Ich freue mich über Ihren Besuch und begrüße Sie recht herzlich zu unserer gemeinsamen Auszeit.

Ich werde Sie während der geführten Meditation in den folgenden ca. 20 Minuten mit dem vertrauten „Du" ansprechen, um Ihnen eine tiefere Ebene der Entspannung zu ermöglichen.

Versuchen Sie daher den Alltag nun außen vor zu lassen und diese Zeit wirklich ganz bewusst für sich zu nutzen.

Du suchst Dir nun eine für Dich angenehme Position und schließt dann, wenn Du dazu bereit bist, Deine Augen.

Konzentriere Dich jetzt auf Deine Atmung und spüre dem langsamen Fluss der Luft, die sanft in Deinen Körper ein- und ausfließt, einige Augenblicke lang nach.

Mit jedem Atemzug spürst Du immer mehr und mehr
die Ruhe und Gelassenheit in Deinem Inneren.
Begebe Dich nun gedanklich auf eine Reise, eine
Reise die Dir tiefe Entspannung schenken wird.

Du befindest Dich nun in Indien auf einem
Gewürzmarkt.

Die verschiedensten Farben und Düfte schmeicheln
Deinen Augen und Deiner Nase.

Der würzige Duft von braunen Nelken,

von gelbem Curry

und frischem grünen Pfeffer.

Diese Düfte beleben Deinen Geist und schärfen
Deine Sinne.

Du nimmst diese Düfte nun tief in Dich auf.

Von Weitem kannst Du ganz leise, typisch indische
Musik und fröhliche Menschen reden, lachen und
singen hören.

Neugierig läufst Du jetzt in diese Richtung und
entdeckst in einem großen Gebäude durch ein offenes

Fenster einige indische Tänzerinnen, die barfuß in
ihren farbenfrohen Saris singen, lachen und tanzen.

Jemand winkt Dir zu und lädt Dich ein, dem Fest
ebenfalls beizuwohnen.

Erfreut nimmst Du diese Einladung an und
beobachtest dann das fröhliche Geschehen.

Nach und nach stehen alle Menschen im Raum auf
und schließen sich ausgelassen den tanzenden Frauen
an, bis kaum jemand mehr auf seinem Platz sitzt.

Vielleicht möchtest sogar auch Du ein wenig mit den
Frauen tanzen?

Die Zeit vergeht wie im Flug und es ist inzwischen
schon dunkel geworden.

Das fröhliche Fest nähert sich jetzt seinem
Höhepunkt.

Unzählige bunte Lichter werden angezündet und süß
duftende Lotusblumen an jeden Teilnehmer
ausgegeben.

Alle Menschen gehen nun nach draußen und laufen
lachend, tanzend und singend in einer Art Prozession
in Richtung des Flusses Ganges.

Dort angekommen werden zuerst die bunten Laternen ins Wasser gesetzt.

Danach legt jeder seine Lotusblume vorsichtig in den Quell des Lebens und lässt sie, verbunden mit einem schönen Wunsch für die Zukunft, achtsam und langsam von sich weg treiben.

Du blickst Deiner Blume noch hinterher, bis Du sie nicht mehr sehen kannst.

Dann wird es nach und nach immer stiller und bald schon ist nur noch das leise Plätschern des Wassers zu hören.

Du genießt jetzt diese Ruhe und sinkst nun ganz tief in die Entspannung.

Allmählich wird es jedoch Zeit, Dich von Deinem Wunsch und auch von Indien zu verabschieden um wieder langsam in die Gegenwart zurückzukommen.

Nimm dazu nun einen tiefen Atemzug.
Balle Deine Hände zu Fäusten.
Bewege Deine Arme und Beine.
Recke und strecke Dich.

Und genieße ganz bewusst Deinen restlichen Tag.

Im Land der Pharaonen

Tipp: Reichen Sie nach dieser Meditation erfrischenden Pfefferminztee, je nach Jahreszeit warm oder kalt!

Ich begrüße Sie recht herzlich.
Wir werden bei unserer heutigen Auszeit gedanklich nach Ägypten reisen, ins Land der Pharaonen.
Lassen Sie sich verzaubern und genießen Sie diese ganz besondere, orientalische Atmosphäre.

Für die nächsten, ca. 20 Minuten wünsche ich Ihnen schon jetzt eine schöne Erholung und Erfahrung!

Die Meditation selbst werde ich nun gleich mit dem persönlicheren "Du" abhalten, um Sie und Ihr Unterbewusstsein nachhaltiger anzusprechen.

Wie immer werden Sie in der Meditation auch nur so weit geführt wie dies für Sie und Ihre Entspannung notwendig ist.

Es ist ein schöner, warmer Sommertag und Deine heutige Entspannungsreise beginnt im fernen Ägypten.

Außerhalb der Stadt wartet schon eine Gruppe von Beduinen mit ihren friedfertigen Kamelen auf ihre Gäste.

Sie heißen Dich mit einem Getränk herzlich
Willkommen.

Eines der Kamele blickt Dich mit seinen sanften,
braunen Augen freundlich an und Du fühlst Dich
gleich zu ihm hingezogen.

Es senkt seinen Kopf und geht vor Dir auf die Knie.

Voller Erwartung nimmst Du auf seinem Rücken
Platz.

Schon bald hat jeder Reiter sein Kamel gefunden und
die Karawane setzt sich ganz langsam gemächlich in
Bewegung.

Du fühlst Dich sicher und geborgen und das
beruhigende, leichte schaukeln des Tieres führt Dich
schon bald in einen Zustand der tiefen Entspannung.

In der Ferne taucht langsam eine Pyramide auf und
Du siehst fasziniert zu, wie Du ihr immer näher und
näher kommst.

Mit jedem Schritt Deines Kameles wird das
Monument größer und größer.

Völlig überwältigt lässt Du den Anblick dieses
gigantischen Bauwerks nun auf Dich wirken.

Nach einiger Zeit setzt sich die Karawane wieder in Bewegung und das vertraute wiegen Deines Kameles verhilft Dir wieder zur nötigen inneren Ruhe und Gelassenheit.

Um Dich herum ist nun nichts mehr außer Sand, angenehme Wärme und ein strahlend blauer Himmel.

Du genießt diesen Augenblick so intensiv wie möglich und fühlst Dich dabei wieder sicher und geborgen.

Am Horizont wird ein kleiner, grüner Fleck sichtbar und die Karawane zieht gemächlich in diese Richtung.

Nach und nach werden erste grüne Palmen und mehrere weiße Beduinenzelte sichtbar.

In der Oase sprüht das Leben, es herrscht ein munteres Geschehen.

Es ist ein gewaltiger Gegensatz zur einheitlichen Farbe und Trockenheit der Wüste.

Du wirst herzlich und freundlich empfangen, eine Auswahl an Getränken steht für Dich bereit.

Auf silbernen Tabletts werden getrocknete

Früchte sowie orientalische Leckereien und lauwarmer, duftender Pfefferminztee gereicht.

Die verschiedensten Geschmacksrichtungen schmeicheln Deinem Gaumen.

Erfrischt und gestärkt verbringst Du noch einen wundervollen Abend mit lieben Menschen, bevor die Kühle der Nacht langsam hereinbricht.

In Gedanken lässt Du dann noch einmal den Tag Revue passieren bevor Du glücklich und zufrieden Deine innere Reise beendest.

Und mit dem verklingen der Klangschalen wird es nun auch allmählich Zeit, mit den Gedanken wieder langsam ins Hier und Jetzt zurück zu kommen.

Lass nun mit einigen tiefen Atemzügen frische Luft bis in Deine Lungenspitzen strömen.

Mach eine Faust und spreize dann Deine Finger.

Bewege zuerst Deine Zehen und dann das ganze Bein.

Recke und strecke Dich und lächle **jetzt** dem restlichen Tag freudig entgegen.

Waldspaziergang - Oase des Alltags

Tipp: Mit ein paar Tropfen ätherischen Tannenduft-Öl, das Sie in einer aufgestellten Duftlampe verdampfen lassen, können Sie die Wirkung der Meditation noch vertiefen.
Zu dieser Meditation empfehle ich Ihnen ganz besonders die CD „Vogelgezwitscher ohne Musik - Sommertag im Wald" von Thomas Rettenmaier (Delta Music),
ASIN: B003S5FQL2

Ich heiße Sie nun ganz herzlich zu unserer heutigen Sinnesreise mit dem Thema „Waldspaziergang - Oase des Alltags" willkommen.

Immer dann, wenn Sie eine kleine Auszeit nötig haben, können Sie die vielfältigen Eindrücke der Natur dazu nutzen, sich wieder mit neuer Energie aufzutanken um zur inneren Mitte zurückzufinden.

Wenn Ihnen dies zeitlich jedoch nicht möglich ist, lassen Sie doch einfach Ihre Seele baumeln und gehen Sie dafür in Gedanken auf einen erholsamen Spaziergang…

Ich werde Sie nun gleich mit dem persönlicheren „Du" ansprechen, um Ihnen eine tiefere Entspannung zu ermöglichen.

Lege oder setze Dich bequem hin und schließe dann Deine Augen.

Die nächsten ca. 20 Minuten gehören jetzt Dir alleine.

Du hast die Gewissheit, dass Du Dir und Deiner Seele in den nächsten Augenblicken nun etwas Gutes tust.

Spüre mit jedem Atemzug, wie sich Deine Muskulatur immer mehr und mehr entspannen möchte und alles in Dir dabei zur Ruhe kommen will.

Lasse Deine Gedanken wertfrei kommen und gehen, bis Du schon bald in Deiner inneren Mitte angekommen bist.

Tief in Dir weißt Du auch, dass dabei nichts geschieht, was nicht geschehen soll...

Du begibst Dich heute gedanklich auf eine schöne Wanderung, einen erholsamen Spaziergang, der Dich zu glitzernden Bachläufen, grünen Wäldern und saftigen Wiesen führt.

Es ist ein schöner Sommertag, die Sonne strahlt vom blauen Himmel und Dir ist angenehm warm.

Du gelangst über eine bunte Blumenwiese in einen lichtdurchfluteten Wald.

Die Sonne scheint strahlenförmig durch die Äste der Bäume und taucht die Lichtung in sanfte, warme Farben.

Du hörst nur noch Deine gleichmäßigen Schritte und das leise rascheln der Blätter, die sich mit dem Wind hin- und her wiegen.

Auch Dein Atem fließt in Deinem eigenen Rhythmus genauso sanft hin und her,
ein- und aus.
Hin- und her,
ein- und aus.

Das leise Summen der Bienen, die sich den süßen Nektar an den Tannen einsammeln, beruhigt Deinen Geist und Deine Gedanken.

Du gehst jetzt noch ein paar Schritte durch diesen verzauberten Abschnitt der Natur und legst Dich dann, irgendwo, in das weiche, dichte Moos.

Der angenehme, würzige Duft der verschiedensten Hölzer, Gräser und Pilze lassen Dich schon bald in einen Zustand der tiefen Entspannung sinken.

Du hörst nur noch die beruhigenden Geräusche der Natur und mit der zunehmenden äußeren Stille kannst Du auch nach und nach immer mehr Dein Inneres spüren und wahrnehmen.

In Dir kehrt eine wohltuende Ruhe und tiefe
Gelassenheit ein.

Nach kurzer Zeit wandern Deine Blicke entspannt
nach oben.

Du beobachtest einige weiße Wolken, die federleicht
an Dir vorbei ziehen.

Dann siehst Du ein paar Vögel, die fröhlich
zwitschernd von Ast zu Ast fliegen.

In einiger Entfernung äsen ein paar scheue Rehe, die
langsam in Deine Richtung laufen.

Sie bleiben nur einige Meter vor Dir stehen und
fressen dann wieder in aller Ruhe das saftige, grüne
Gras.

Du kannst sie nun ganz genau beobachten:
Ihre sanften braunen Augen,
den schlanken, drahtigen Körper,
das hellbraune Fell
und bei einigen auch das imposante Geweih.

Du bist ganz fasziniert von der Schönheit dieser
Tiere, die Du bisher noch nie so nahe in freier Natur
sehen konntest.
Ein Specht durchbricht plötzlich mit seinem Klopfen
die Stille und die Rehe suchen schnell das Weite.

Auch Du erhebst Dich von Deiner weichen Unterlage und läufst wieder ganz achtsam weiter, bis Du einen ganz anderen Teil des Waldes erreichst.

Du fühlst Dich inzwischen sehr ausgeglichen und spürst, wie sich die äußere Stille und Harmonie nun auch völlig in Deinem Inneren ausgebreitet hat.

Du genießt jetzt den Anblick von hellgrünen Gräsern, von kräftig grünen Laubbäumen und Du siehst viele braune Zapfen, die an den tief herabhängenden, dunkelgrünen Ästen der hohen Fichten baumeln.

Dein Weg führt Dich dann über einen leichten Hügel und Du erblickst dahinter einen kleinen Bach, der im Sonnenlicht funkelt und glitzert.

Das kühle Wasser fließt ganz ruhig und gleichmäßig und sucht sich immerfort seinen Weg an Steinen, Pflanzen und herabgefallenen Ästen vorbei.

Es meistert jedes Hindernis und umfließt sanft und gelassen alles, was sich ihm in den Weg stellt.

Du siehst ihm nun einige Zeit lang zu…
Schon bald wird Dir klar, dass Du genau so, wie sich das Wasser seinen eigenen Weg durch die Natur bahnt, ebenso mit der nötigen Ruhe und

Besonnenheit immer Deinen richtigen Weg durch das Leben finden wirst.

Der erholsame Spaziergang geht nun langsam zu Ende und mit dem verklingen des letzen Tones wird es Zeit die Rückreise anzutreten um dann allmählich wieder im Hier und Jetzt anzukommen.

Nimm dazu nun einen tiefen Atemzug.

Mit jedem Ein- und Ausatmen wirst Du gleich immer wacher und munterer.

Balle jetzt Deine Hände zu Fäusten.

Beginne mit sanften Bewegungen.

Lasse Deine Bewegungen intensiver werden.

Recke und strecke Dich.

Und mit einem entspannten Lächeln im Gesicht öffnest Du dann Deine Augen und genießt ganz bewusst den Rest Deines verbleibenden Tages.

Der Baum des Lebens

Ich begrüße Sie ganz herzlich zu unserer heutigen
Meditation „Der Baum des Lebens"

Unser ganzes Leben ist von verschiedenen
Entwicklungsschritten, von innerem und äußerem
Wachstum geprägt.
Dafür brauchen wir eine starke Bodenhaftung, einen
stabilen Stand und eine tiefe Verwurzelung in der
Erde.
Genau davon wird diese Meditation die nächsten ca.
20 Minuten nun handeln.

Während der Meditation werde ich Sie auch gleich mit
„Du" ansprechen, um Ihr Unterbewusstsein noch
besser erreichen zu können.

Ich wünsche Ihnen viel Spaß und schöne
Erkenntnisse.

Nimm nun eine angenehme Haltung auf Deiner
Unterlage ein. Du kannst Dich dabei gerade aufsetzen
oder auch hinlegen, ganz wie Du dies möchtest.

Atme nun ein paar Atemzüge lang ganz bewusst die
Luft in Deine Lungen sanft ein, und wieder aus.

Spüre genau nach, was dabei alles in Dir passiert.
Wie sich der Bauch anhebt,

und wieder senkt.
Wie die Luft in Dich einfließt -
und wie sie Dich wieder verlässt.

Stell Dir jetzt vor Du bist eine kleine Kastanie und
liegst unterhalb eines großen Kastanienbaumes.

Eines Tages kommt ein kleines Kind vorbei und
sammelt Dich lachend vom Boden auf,
spielt ein wenig mit Dir und wirft Dich dann,
irgendwo, irgendwann,
auf eine große Wiese...

Dort herrschen ideale Verhältnisse für Dich:
Fruchtbarer Boden,
helles Licht,
die Wärme der Sonnenstrahlen
und abwechselnd auch etwas Regen -
alles in einer harmonischen Kombination.

Du liegst einige Zeit auf dem Boden und spürst dann
immer intensiver die Kraft Deines inneren
Wachstums, den Wunsch der persönlichen
Entfaltung.

Deine äußere Schale beginnt Risse zu bilden und der
starke Keim in Dir sucht nun seinen Weg nach unten
in die warme, fruchtbare Erde.

Nach und nach bilden sich viele tiefe Wurzeln, das
Fundament, auf dem langsam ein großer, starker
Baum aufbauen kann.

Bald schon wächst auch ein kleiner, grüner Spross
nach oben,
hoch hinauf,
dem Sonnenlicht entgegen.

Anschließend bilden sich die ersten, zarten Blätter.

Und nach und nach wachsen Dir auch kleine
Verzweigungen die alle einmal große,
starke Äste werden möchten…

Die Erde nährt Dich,
die Sonne wärmt Dich,
der Regen erfrischt Dich,
und der Wind lässt Dich sanft hin und her wiegen.

Du gibst Dich all dem hin,
voller Vertrauen und mit der inneren Gewissheit,
dass Dir nichts passiert, das es Dir an nichts fehlt und
Mutter Natur nur das Beste mit Dir vor hat.

So vergehen die Jahre und Du wächst langsam zu
einem kleinen Bäumchen heran.

Deine zarte Rinde wird allmählich härter, Du kannst nun, so gut geschützt, auch jedem Sturm, Wind, Regen und sogar dem Hagel trotzen.

Deine Wurzeln und Äste werden immer kräftiger und verzweigen sich nun immer stärker und stärker.

Du hast damit lauter Fühler und Antennen bekommen, mit denen Du Sonne, Wasser und Nahrung tief in Dich aufnehmen kannst - und damit auch den lebensnotwendigen Sauerstoff wieder Deiner Umwelt zurückführst.

Deine Wurzeln reichen nun tief in die fruchtbare Erde und geben Dir starken Halt.

Deine Äste und Blätter wachsen immer weiter nach oben, sie strecken sich der Sonne entgegen und geben Dir so auch äußere Freiheit.

Du hast das Gefühl von „getragen sein", von Geborgenheit, Liebe und der inneren Gewissheit, immer all das zu bekommen, was Du für Dich, Dein Wachstum und Deine weitere Entfaltung benötigst.

So wächst Du im Laufe der Jahre zum großen, stattlichen Baum heran.

Du hast schon vieles gesehen und kannst auch so manche Geschichten erzählen:

Beispielsweise von Kindern, die unter Dir gezeltet haben,

von jungen, verliebten Pärchen, die sich unter Dir den ersten Kuss gaben,

von unzähligen Tieren, denen Du all die Jahre bei Regen und Schnee Schutz und Unterstand gegeben hast

und vom Blitz, der einmal fast in Dich eingeschlagen wäre...

Und eines Tages kommt nun auch bei Dir ein kleines Kind vorbei und sammelt lachend eine Deiner Kastanien vom Boden auf,
spielt ein wenig mit ihr und wirft sie dann,
irgendwo, irgendwann,
auf eine große Wiese und die Kastanie fällt wieder auf fruchtbaren Boden...

Und so schließt sich der Kreislauf vom „Baum des Lebens"

Mache Dich nun langsam bereit, Deine tiefen Wurzeln wieder zu Deinen eigenen Füßen werden zu lassen.

Deine starken Äste formen sich zu Deinen Armen zurück.

Die kleinen Äste verwandeln sich in Deine Finger.

Trotzdem kannst Du noch immer das tiefe verwurzelt
sein zu Deiner Unterlage spüren,
zum Boden,
auf dem Du später wieder fest stehen wirst.

Und Du nimmst immer noch ganz deutlich die Kraft,
Stärke und Energie des großen Kastanienbaumes
wahr, die Dich fortan durch Dein Leben begleitet.

Komme mit dieser Gewissheit wieder in die
Gegenwart zurück.

Balle jetzt Deine Hände zu Fäusten.

Bewege Deine Füße, zuerst sanft, dann stärker.

Strecke Deine Hände nach oben in Richtung Himmel
und schiebe die Füße etwas nach unten.

Freu Dich über den heutigen Tag und spüre dann
noch ein wenig nach, wenn Du Dies möchtest.

Die Höhle der funkelnden Kristalle

Ich heiße Sie heute zu unserer Meditation „Die Höhle der funkelnden Kristalle" herzlich Willkommen.
Sie spüren dabei die Kraft, Energie und positiven Wirkungen der verschiedensten Edelsteine.

Versuchen Sie sich alles gut vorzustellen und erfahren Sie dadurch eine nachhaltige, tiefe Entspannung.

Während den nächsten ca. 20 Minuten werde ich Sie gleich mit dem persönlicheren „Du" ansprechen, um Ihr Unterbewusstsein tiefer zu erreichen.

Nimm nun eine bequeme Lage ein, schließe Deine Augen und gehe dann mit Deiner ganzen Aufmerksamkeit zu Deinem Atem.

Spüre, wie Du ganz leicht und sanft
ein- und ausatmest,
wie sich Dein Körper dabei immer mehr und mehr entspannen möchte.

Deine Bauchdecke wölbt sich sanft nach außen und zieht sich dann wieder leicht nach innen ein.

Atme so noch ein paar Atemzüge lang in Deinem eigenen Tempo weiter.

Stell Dir jetzt vor, Du bist gerade auf einer
Wanderung in den Bergen und hast einen schweren
Rucksack dabei.

Die Sonne scheint vom Himmel und Dir ist schon
sehr warm geworden.

Du möchtest daher eine Pause machen und suchst
nach einem kühlen Platz.

Du entdeckst einen kleinen Felsen mit einer großen
Öffnung, die fast wie ein Tor aussieht.

Helles Licht leuchtet nach außen,
Du gehst hinein und plötzlich stehst Du in einer
riesigen Höhle, voller funkelnder Kristalle.

Du siehst Dich überwältigt um, was für Schätze die
Natur hier hervorgebracht hat.

Vor Deinem geistigen Auge erscheint ein Meer von
beruhigenden Farben.

Du tauchst nun in eine magische Welt ein, alles
strahlt, funkelt und glitzert in den Farben des
Regenbogens.

Viele Arten von Kristallen und Edelsteinen sind hier
zu finden:
Dunkelrote Rubine, sie stehen für Liebe und Glück.

Blaue Lapislazuli, sie geben Dir Selbstvertrauen und eine kraftvolle Stimme.

Lila Amethyste, sie versorgen Dich mit innerer Ruhe und Gelassenheit.

Grüne Smaragde, Du bekommst von ihnen Selbstheilungskraft und Harmonie.

Gelbe Citrine, die Dir Lebensfreude und neuen Mut spenden.

Weiße Bergkristalle, das Symbol für Reinheit und Klarheit.

Du kannst Dir nun eine Eigenschaft der Steine und Deine Lieblingsfarbe aussuchen oder eine Farbe, die Dich jetzt gerade anspricht.

Versuche nun, gedanklich durch Deinen Körper zu gehen.

Beginne an den Zehen und gehe dann langsam immer höher.

Wo spürst Du Verspannungen?

Wo hast Du vielleicht sogar Schmerzen?

An welchen Stellen braucht Dein Körper jetzt besonders viel Aufmerksamkeit?

Lasse diese Symbiose aus Farbe, Energie und Kraft des Edelsteines nun genau dort hin fließen.

Bald schon kannst Du spüren, wie sich Wärme und tiefe Entspannung immer mehr und mehr ausbreiten möchten.

Bei jedem Atemzug nimmst Du nun die Wirkung der Farbe und die Energie des Steines tief in Dich auf und gibst beim Ausatmen alles Belastende einfach ab.

In Dir wird es immer leichter.

Nachdem Du nun körperlich so entspannt bist, möchtest Du auch Geist und Seele von unnötigem Ballast befreien.

Du siehst Dich um und entdeckst in einem hinteren Teil der Höhle eine große, braune Kiste.

Du kannst nun den schweren Rucksack, den Du auf Deinen Schultern getragen hast auf dem Boden abstellen.

Er trägt den Namen „Rucksack des Lebens" und enthält alle Situationen, die Dich aktuell beschäftigen.

Öffne nun diese Kiste und fülle sie mit dem gesamten Inhalt Deines Rucksacks.

Packe nun alles,
Stück für Stück,
dort hinein.

Verschließe dann die Kiste, in dem Du den schweren
Deckel einfach nach unten klappst. So kann auch
nichts mehr davon zu Dir zurück kommen.

Du kannst jetzt förmlich die Erleichterung spüren,
Du fühlst Dich nun getragen von einem Gefühl der
Leichtigkeit und Unbeschwertheit.

Und nun fülle Deinen leeren Rucksack mit lauter
wertvollen Erinnerungen,
mit schönen Momenten die Du schon erlebt hast,
mit Inspiration und Lebensfreude,
mit Glück und neuer Energie.

Wir geben diesem Rucksack nun den Namen
„Rucksack des Glücks"

Mache Dich nun allmählich wieder dazu bereit,
ganz langsam,
den Weg nach Draußen anzutreten.

Vergiss aber nicht Deinen „Rucksack des Glücks"
mitzunehmen, damit Du bei Bedarf wieder auf den
Inhalt zurückgreifen kannst!

Auf dem Rückweg füllst Du Körper, Geist und Seele
noch einmal mit den Farben und der Wirkung der
Kristalle auf.

Je näher Du dem Ausgang kommst, desto mehr
kommen Deine Gedanken zur Gegenwart zurück.

Balle jetzt Deine Hände kraftvoll zu Fäusten.

Bewege dann Deine Zehen.

Dehne, recke und strecke Dich.

Öffne dann, wenn Du wieder dazu bereit bist Deine
Augen.

Ich hoffe, Sie konnten sich schön entspannen?

Ich wünsche Ihnen, dass Sie Ihren „Rucksack des
Glücks" täglich mit vielen neuen, wertvollen
Momenten füllen können.

Ich wünsche Ihnen viel Freude und Spaß mit den
Meditationen!

Besitzen Sie ein Smartphone? Über diesen QR-Code
können Sie sich weitere Informationen abrufen:

Meine Homepage für Bachblüten:
www.bluetenberatung.de
und für Klangschalen:
www.tibetische-klangschalen-massage.de

Über den Internet-Shop sind alle meine erschienenen
Bücher zum Thema „Klangschalenmassage" und
„Meditationen mit Klangschalen" erhältlich.
Ebenso finden Sie dort auch CDs und Hörproben
meiner schönsten Meditationen.

Ich freue mich über Ihren Besuch!